Estadounidenses asombrosos

Thurgood Marshall

Kristin Kemp, M.A.E.

Asesora

Caryn Williams, M.S.Ed.
Madison County Schools
Huntsville, AL

Créditos de imágenes: Portada y pág. 1 Cortesía de CSU Archive/age fotostock; pág. 9 (abajo) Cortesía de Everett Col/age fotostock; págs. 18, 32 AP; pág. 25 Ron Edmonds/AP; págs. 28–29 Becca Spielman; págs. 15, 23 (arriba), 26 Bettmann/Corbis; pág. 24 Photo Researchers/Getty Images; págs. 5–6, 11, 16–17 (fondo) Time & Life Pictures/Getty Image; pág. 27 (arriba) iStock; pág. 4 LOC [LC-DIG-fsa-8a03228]; pág. 12–13 LOC [LC-DIG-npcc-32093]; pág. 12 (arriba) LOC [LC-DIG-ppmsca-09709]; pág. 9 (arriba) LOC [LC-USZ62-131020]; pág. 19 LOC [LC-USZ62-112128]; pág. 20 (izquierda) LOC [LC-USZ62-60139]; pág. 13 (arriba) LOC [na0081p1]/The Library of Congress; págs. 8 (derecha), 14, 16 (arriba), 21 (derecha) ZUMA Press/Newscom; pág. 22 Dennis Brack/Newscom; pág. 21 (izquierda) World History Archive/Newscom; págs. 7 (ambas), 10, 20 (derecha) Wikipedia Common; pág. 31 Yoichi R. Okamoto/U.S. Government; todas las demás imágenes pertenecen a Shutterstock.

Teacher Created Materials

5301 Oceanus Drive
Huntington Beach, CA 92649-1030
http://www.tcmpub.com

ISBN 978-1-4938-0603-4

Índice

Un hombre de cambio

Thurgood Marshall vivió durante una época de gran injusticia para los afroamericanos. La ley decía que los blancos y los afroamericanos no podían sentarse ni comer juntos. No podían usar las mismas piscinas ni los mismos baños. Esta doctrina se conoció como "separados pero **iguales**". La ley decía que los afroamericanos podían estar separados de los blancos, siempre que tuvieran derechos igualitarios o los mismos derechos. Pero Marshall sabía que las cosas estaban lejos de ser iguales. La ley era injusta para los afroamericanos y Marshall pasó la vida tratando de lograr una ley justa para todos.

Marshall comenzó su carrera profesional como **abogado**. Con el tiempo, se convirtió en **juez**. Incluso se convirtió en uno de los principales jueces de Estados Unidos. Fue **magistrado** de la Corte Suprema. Durante su vida, Marshall luchó por la idea de que todas las personas eran iguales. Trabajó duro para cambiar las leyes injustas de Estados Unidos.

COLORED

Este niño afroamericano bebe de un bebedero separado en 1938.

Thurgood Marshall

Abogados, jueces y magistrados

Los abogados argumentan para convencer a los jueces de que su visión de la ley es correcta. Los jueces deciden qué abogado está en lo correcto o si se ha infringido una ley. Los magistrados son jueces de la Corte Suprema, el tribunal máximo de Estados Unidos.

Crecimiento

Marshall nació el 2 de julio de 1908. Su familia vivía en Maryland. Los padres de Marshall querían lo mejor para él y su hermano mayor. Su padre era mesero y su madre era maestra. Ella quería que Marshall recibiera una buena educación.

Marshall fue a una escuela segregada como esta.

¿Thoroughgood?

Marshall recibió el nombre de Thoroughgood por su bisabuelo. Pero Marshall cambió su nombre a Thurgood cuando estaba en segundo grado. Quería tener un nombre más corto que fuera más fácil de deletrear.

La escuela secundaria de Marshall era **segregada**. Esto significaba que se establecía una separación entre los estudiantes afroamericanos y los blancos. Marshall era un buen estudiante. Sin embargo, se metía en problemas con frecuencia. El director de la escuela de Marshall lo obligaba a copiar la **Constitución de EE. UU.** como castigo. Este es el principal conjunto de leyes para Estados Unidos. ¡Marshall se metía en problemas con tanta frecuencia que finalmente memorizó la Constitución! Esto terminó siendo algo bueno. Marshall se dio cuenta de que no todas las ideas de la Constitución se aplicaban a él. No se lo trataba de manera justa debido al color de la piel. Entonces, Marshall decidió ser abogado. Quería que todos tuvieran los mismos derechos.

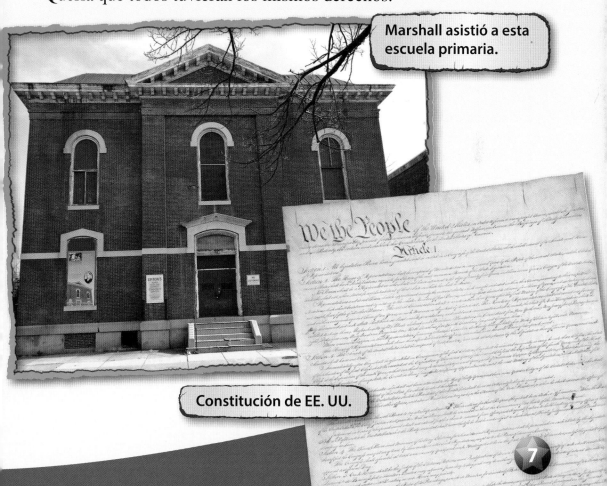

Marshall asistió a esta escuela primaria.

Constitución de EE. UU.

Después de la escuela secundaria, Marshall fue a la universidad. Fue a la Universidad Lincoln en Pensilvania. La madre de Marshall quería que estudiara para ser dentista. Pero Marshall no quería ser dentista. Le gustaba **debatir**. Y quería ayudar a cambiar las leyes injustas.

En 1930, Marshall se graduó de la universidad. Quería asistir a la escuela de derecho de la Universidad de Maryland. En la escuela de derecho, las personas aprenden a ser abogados y jueces. Pero en esa escuela solamente se permitía la asistencia de blancos. El hecho de no poder asistir a la escuela debido al color de su piel lastimó profundamente a Marshall. Esto tuvo un efecto duradero en él.

Buster

Antes de asistir al último año de universidad, Marshall se casó con una mujer llamada Vivien Burey. Sin embargo, todos la llamaban Buster.

Vivien Burey

En su lugar, Marshall asistió a la Universidad Howard. Esta era una universidad para afroamericanos ubicada en Washington D. C. A Marshall le encantaba aprender sobre la ley. Trabajó arduamente y obtuvo buenas calificaciones. Su profesor favorito se llamaba Charles Houston. Los dos hombres fueron amigos durante muchos años. Cuando Marshall se graduó en 1933, ¡lo destacaron como mejor estudiante!

Charles Houston

Universidad Howard

Abogado líder

Después de asistir a la escuela de derecho, Marshall regresó a Maryland. Allí, abrió un bufete de abogacía. Esta es una empresa administrada por un grupo de abogados. **Representan** a las personas en casos en tribunales.

Esto ocurrió durante la Gran Depresión. Algunas personas querían que Marshall fuera su abogado. Pero no tenían dinero para pagarle. A menudo, tomaba casos de manera gratuita. Quería ayudar a las personas que lo necesitaban.

Gran Depresión

La Gran Depresión fue una época de la década de 1930 en la que muchas personas no tenían trabajo. En esta época, muchas personas de Estados Unidos eran pobres y tenían hambre.

Esta madre y sus hijos la pasan mal durante la Gran Depresión.

Marshall sentado en su escritorio de la NAACP en 1949.

El amigo de Marshall, Houston, tenía un nuevo trabajo. Estaba trabajando para la Asociación Nacional para el Progreso de las Personas de Color (NAACP, por sus siglas en inglés). La NAACP luchaba por los **derechos civiles** de los afroamericanos. Los derechos civiles son beneficios que todas las personas deben tener, como el derecho a ser libres.

Houston y la NAACP querían eliminar la segregación. Querían que todas las personas vivieran, aprendieran y trabajaran juntas. Querían que todos recibieran un trato justo. Houston le pidió ayuda a Marshall. Marshall se entusiasmó con esta oportunidad de ayudar a cambiar las leyes injustas.

Universidad de Maryland

Marshall, Murray y Houston comparecen en un tribunal en 1935.

Uno de los primeros casos de Marshall fue contra la Universidad de Maryland. Esta era la misma escuela que no permitió que Marshall asistiera cinco años antes. En 1935, seguía sin aceptar a los afroamericanos. Un joven llamado Donald Murray quería asistir a la escuela allí. No lo aceptaron debido a su color de piel.

Todas las escuelas de derecho de Maryland aceptaban solamente estudiantes blancos. Algunas personas decían que las escuelas de derecho debían cumplir con la doctrina de separados pero iguales. Pero Marshall decía que no había una escuela "igual" para Murray en el estado. La idea de "separados pero iguales" no funcionaba.

Primer día de clases

Donald Murray escribió sobre su primer día en la escuela de derecho. Escribió que los estudiantes blancos eran amables y maduros.

El abogado de la escuela decía que Maryland tenía una **beca** para los afroamericanos. Esto significaba que podían usar el dinero para ir a una escuela en otro estado. El juez estuvo de acuerdo con Marshall en que esto no era lo suficientemente bueno. ¡Marshall ganó el caso! Murray pudo asistir a la Universidad de Maryland.

Más adelante, en 1936, Marshall fue seleccionado el abogado principal de la NAACP. Se mudó a la ciudad de Nueva York. Trabajó en muchos casos. Ayudó a los afroamericanos que recibían un trato injusto. En el tribunal, Marshall era buen narrador y muy simpático. También era excelente para el debate. Estas cualidades lo ayudaron a convertirse en un gran abogado.

La mayoría de los casos de Marshall tenían que ver con la segregación en las escuelas. Entonces, la Corte Suprema unió todos estos casos en un solo caso grande. Marshall quería eliminar la idea de "separados pero iguales". Argumentaba que eso no existía. Consideraba que las personas nunca se sentirían iguales si estaban segregadas.

El caso se conoce como *Brown vs. Board of Education*. Marshall sabía que si ganaba este caso podría cambiar a Estados Unidos. En 1954, la Corte Suprema llegó a un **veredicto**. Afirmó que la doctrina "separados pero iguales" en las escuelas iba en contra de la ley. ¡Marshall ganó!

Marshall celebra tras haber ganado el caso *Brown vs. Board of Education* en 1954.

¿Qué quiere decir con igual?

Durante el caso, un magistrado le preguntó a Marshall qué quería decir con el término igual. Marshall dijo: "Igual significa recibir lo mismo, al mismo tiempo y en el mismo lugar".

Una madre le explica el caso *Brown vs. Board of Education* a su hija.

Rosa Parks es arrestada en 1955.

El caso *Brown vs. Board of Education* fue una gran victoria para Marshall. Su siguiente objetivo era poner fin a la segregación en todas partes, no solamente en las escuelas. Una mujer llamada Rosa Parks le dio la oportunidad.

En 1955, los autobuses de Alabama eran segregados. La ley de Alabama decía que solamente las personas blancas podían sentarse en la parte de adelante del autobús. Los afroamericanos tenían que sentarse en la parte de atrás del autobús. Además, si no había suficientes asientos para todos, los afroamericanos debían ponerse de pie para que los blancos pudieran sentarse.

Un día, Parks se negó a ceder su asiento a un hombre blanco. La policía la arrestó. Su caso fue a la Corte Suprema. Marshall fue su abogado. Dijo que toda la segregación debía ser **ilegal**, o en contra de la ley. La Corte Suprema estuvo de acuerdo. Fue otra victoria importante para los derechos civiles de los afroamericanos.

Noticias tristes

Mientras Marshall trabajaba en el caso de Rosa Parks, recibió algunas noticias tristes. Su esposa, Buster, estaba muy enferma. Él se tomó tiempo para cuidar de ella, pero finalmente falleció. Más adelante, Marshall se casaría con una mujer llamada Cecilia Suyat. Su apodo era Cissy.

Cissy y Marshall

Un descanso

Para 1960, Marshall había trabajado para la NAACP durante más de 20 años. Había ayudado a poner fin a algunas leyes de segregación en Estados Unidos. Había inspirado a muchos afroamericanos para que continuaran luchando por sus derechos civiles.

Pero muchas personas blancas no querían que se pusiera fin a la segregación. Estaban enojadas con Marshall. Le enviaron cartas de reclamo y le dijeron que le harían daño si continuaba trabajando por la igualdad. Incluso algunos líderes de derechos civiles no estaban contentos con Marshall. Sentían que el cambio de las leyes estaba demorando demasiado. Querían hacer cambios con **boicots** y protestas. Marshall necesitaba tomarse un descanso.

Personas protestan en Alabama.

Marshall y el líder keniano Jomo Kenyatta

Marshall viajó a Kenia en África. Este país pertenecía a Gran Bretaña, pero quería ser libre como Estados Unidos. Marshall pasó tiempo con los líderes de Kenia. Los ayudó a redactar una constitución para su nuevo gobierno. Después de ayudarlos, los nuevos líderes le regalaron un abrigo. Marshall conservó el abrigo durante el resto de la vida.

Nuevas funciones

Cuando Marshall regresó a Estados Unidos, estaba listo para un nuevo desafío. El presidente John F. Kennedy tenía uno para él. Marshall había sido un muy buen abogado. El presidente pensaba que también sería un buen juez. En 1961, Kennedy eligió a Marshall para que se desempeñara como juez en el Tribunal de Apelaciones. Este es el tribunal al que las personas asisten cuando no están de acuerdo con el veredicto de su caso. Marshall debió tomar las decisiones finales de muchos casos. Algunos casos se relacionaban con los derechos civiles. Otros casos tenían que ver con los negocios.

el presidente
John F. Kennedy

Thurgood Marshall

En 1963, hubo un nuevo presidente. Y un nuevo trabajo para Marshall. El presidente Lyndon B. Johnson le pidió que se desempeñara como **procurador general**. Marshall ahora representaría al gobierno en los tribunales. Argumentó muchos casos ante la Corte Suprema.

Marshall fue solo el segundo afroamericano en ser juez del Tribunal de Apelaciones. ¡Y fue el primero en ser procurador general!

Ley de Derechos Civiles

En 1964, el presidente Johnson aprobó la Ley de Derechos Civiles. Esta ley establecía que no se podía tratar a las personas de manera diferente debido a su color de piel. Determinó que la segregación era ilegal en Estados Unidos.

El presidente Lyndon B. Johnson firma la Ley de Derechos Civiles.

Para 1967, el presidente Johnson pensaba que Marshall estaba haciendo un excelente trabajo. Sin embargo, el presidente quería que Marshall tuviera un puesto incluso más alto. Nunca antes había habido un magistrado afroamericano en la Corte Suprema. El presidente sabía que Marshall era la persona perfecta para el puesto. Johnson dijo: "Fue lo correcto, en el momento correcto, con el hombre correcto y en el lugar correcto". Marshall sabía mucho sobre la Corte Suprema. Había estado debatiendo casos allí durante años. Ahora, tomaría decisiones para la Corte Suprema.

Durante su desempeño como magistrado, Marshall continuó trabajando por los derechos civiles. Quería derechos para las mujeres. También creía que los derechos de los indígenas estadounidenses eran importantes. Además, quería proteger a los pobres.

Marshall no siempre estaba de acuerdo con los otros magistrados de la Corte Suprema. Pero siempre hizo lo que creía que era correcto para Estados Unidos.

Marshall y el presidente Johnson

Cissy arregla la toga de Marshall antes de su juramento como magistrado de la Corte Suprema.

Momento de renunciar

Los magistrados pueden prestar servicio en la Corte Suprema durante el tiempo que deseen. Marshall siempre pensó que sería magistrado por el resto de su vida. Sin embargo, tras casi 24 años, comenzó a tener problemas de salud. Su corazón estaba debilitado y no podía ver bien. Tenía 82 años.

Marshall decidió que era momento de dejar de trabajar. **Renunció** a la Corte Suprema en 1991. Un periodista le preguntó a Marshall por qué abandonaba su cargo. Él bromeó: "¡Me estoy poniendo viejo y desbaratándome!". Muchas personas se sorprendieron por la decisión de Marshall de abandonar el tribunal. Sus compañeros magistrados estaban tristes por su renuncia.

Thurgood Marshall disfrutó del tiempo en que se desempeñó como magistrado de la Corte Suprema.

El 24 de enero de 1993, Marshall falleció. Sus restos se llevaron hasta el edificio de la Corte Suprema donde miles de personas acudieron para honrarlo. El funeral se transmitió por televisión. Muchas personas hablaron sobre las maneras en que ayudó a los afroamericanos. Los estadounidenses sabían que habían perdido a un verdadero héroe.

Los restos de Marshall pueden verse en el edificio de la Corte Suprema.

El Señor de los Derechos Civiles

Las personas han hecho muchas cosas para honrar a Marshall. La escuela de derecho de la Universidad de Maryland le puso su nombre a la biblioteca. Esta es la misma escuela que le negó el acceso debido a su color de piel. También hay una estatua de Marshall en su ciudad natal. Se erige en frente del palacio de justicia. Su imagen se colocó en una estampilla estadounidense. Incluso hay una universidad que lleva su nombre.

El apodo de Marshall fue el "Señor de los Derechos Civiles". Usó la ley para luchar por los derechos civiles. Marshall no creía en "separados pero iguales". Pasó su vida trabajando para poner fin a la segregación. Luchó duro por la igualdad.

Thurgood Marshall fue abogado, juez y magistrado de la Corte Suprema. Sin importar el trabajo que realizaba, siempre trató de hacer de Estados Unidos un lugar mejor y más justo.

Marshall se sienta afuera de la Corte Suprema en 1979.

estatua de Marshall en su ciudad natal, Baltimore, Maryland

estampilla estadounidense de Thurgood Marshall

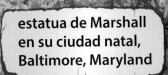

BLACK HERITAGE
USA 37

Thurgood Marshall

2003

Estadounidenses asombrosos de hoy

Thurgood Marshall fue un estadounidense asombroso. Ayudó a las personas mediante la lucha por los derechos civiles y se aseguró de que todos recibieran un trato igualitario.

La estadounidense asombrosa de Becca es su abuela Annette. Le encanta ayudar a las personas de su comunidad cocinando y compartiendo comidas con ellos. Además, enseña los modales que se deben tener en la mesa a los niños. Cree que preparar comidas es una habilidad importante que los niños deben aprender.

¡Pídelo!

Pídele a un adulto que te ayude a encontrar a un estadounidense asombroso de tu comunidad. Entrevista a esa persona. Averigua qué hace para hacer de tu comunidad un lugar mejor.

Una estadounidense asombrosa que conozco es mi abuela. Es una estadounidense asombrosa porque cocina y les da comida a las personas que la necesitan.

Pasta

Ensalada

Dibujo de mi abuela

Este es un dibujo que hizo Becca de su abuela cocinando.

Glosario

abogado: una persona cuyo trabajo es guiar y asistir a las personas en cuestiones relacionadas con la ley

beca: una cantidad de dinero que se le ofrece a un estudiante para ayudarle a pagar su educación

boicots: cuando la gente se niega a comprar, usar o participar en algo como forma de protesta

Constitución de EE. UU.: el sistema de creencias y leyes según el cual está organizado Estados Unidos

debatir: discutir algo con personas cuyas opiniones son diferentes de las tuyas

derechos civiles: derechos que todas las personas deben tener

iguales: los mismos

ilegal: en contra de la ley

juez: una persona que tiene el poder de tomar decisiones en casos que se llevan a un tribunal de justicia

magistrado: un juez de la Corte Suprema

procurador general: alguien que representa al gobierno en la corte

renunció: abandonó un trabajo formal y oficialmente

representan: hablan o actuan en nombre de alguien de forma oficial

segregada: separada en grupos de personas por su raza o religión

veredicto: la decisión que toma un juez o jurado en un juicio

Índice analítico

¡Tu turno!

¡Sé justo!

Piensa en tu comunidad. ¿Hay algo que consideres que no es justo? ¿Hay alguna ley o regla que no trata a todos por igual? Escribe una carta a un líder de la comunidad donde le expliques qué crees que se puede hacer para que las cosas sean más justas.